AF229779

APERÇU SUR LA SITUATION RÉELLE

DES

BUDGETS D'INDO-CHINE

PAR

NOËL PARDON

SECRÉTAIRE GÉNÉRAL DE PREMIÈRE CLASSE EN DISPONIBILITÉ

ANCIEN DIRECTEUR DE L'INTÉRIEUR EN COCHINCHINE

PARIS

TYPOGRAPHIE GEORGES CHAMEROT

19, RUE DES SAINTS-PÈRES, 19

—

1888

APERÇU SUR LA SITUATION RÉELLE

DES

BUDGETS D'INDO-CHINE

APERÇU SUR LA SITUATION RÉELLE

DES

BUDGETS D'INDO-CHINE

PAR

NOËL PARDON

SECRÉTAIRE GÉNÉRAL DE PREMIÈRE CLASSE EN DISPONIBILITÉ

ANCIEN DIRECTEUR DE L'INTÉRIEUR EN COCHINCHINE

PARIS

TYPOGRAPHIE GEORGES CHAMEROT

19, RUE DES SAINTS-PÈRES, 19

—

1888

APERÇU SUR LA SITUATION RÉELLE

BUDGETS D'INDO-CHINE

L'annexe n° 2142 du procès-verbal de la séance du 26 novembre 1887 (distribution du 10 décembre) contient un rapport de M. Turquet, fait au nom de la Commission du Budget, dans lequel l'honorable rapporteur, analysant les dispositions des deux décrets du 17 octobre 1887 qui établissent l'Union indo-chinoise, expose les lignes générales de la nouvelle organisation : elle laisse à chacun des pays constituant l'Union (Cochinchine, Cambodge, Annam et Tonkin), son autonomie administrative, son budget propre pour les dépenses d'administration intérieure ; elle crée en revanche pour les services communs tels que les douanes, les postes et télégraphes, les dépenses de la guerre et de la marine, un budget unique alimenté en recettes par la subvention métropolitaine et par des contingents prélevés sur les recettes particulières de chacun des pays de l'Union. L'honorable M. Turquet rappelle que M. le Sous-Secrétaire d'État des Colonies avait fait valoir devant la Commission du Budget la possibilité de réaliser certaines économies sur l'ensemble des services, grâce à une meilleure répartition des forces militaires affectées aux différents pays et à un meilleur emploi de leurs ressources. Le Gouvernement ajoutait que l'un des principaux résultats de l'organisation nouvelle serait de rendre *absolument certaine* la réduction de 10 millions qui avait été escomptée dans le projet de budget rectifié sur la part de la Métropole dans les dépenses du Protectorat de l'Annam et du Tonkin. A la suite de ces explications, la Commission du Budget, sur la proposition d'un de ses membres, M. Ribot, avait voté la résolution suivante :

« La Commission, considérant que le projet de budget qui lui

« est communiqué soulève d'importantes questions politiques,
« donne acte au gouvernement de sa déclaration qu'il entend
« les trancher sous sa seule responsabilité devant la Chambre et
« sans approbation préalable de la Commission du Budget. »

Après cet exposé, l'honorable rapporteur conclut ainsi :

« En conséquence, nous n'avons, Messieurs, qu'à enregistrer
« les propositions qui nous sont faites et qui ont pour résultat
« financier l'ouverture au budget colonial (2e section du minis-
« tère de la marine et des colonies) d'un nouveau chapitre inti-
« tulé : *Part provisoirement à la charge de la France dans les dé-
« penses de l'Indo-Chine, 20 millions.* »

Ce sont ces projets de budgets de l'Indo-Chine, de l'Annam et
du Tonkin, de la Cochinchine, du Cambodge remis à la Commission du Budget par le gouvernement et d'après lesquels cette
part de 20 millions a été votée, que nous nous proposons d'étudier en recherchant, pour les Recettes, si les prévisions inscrites
peuvent être effectivement réalisées, pour les Dépenses, si quelques crédits indispensables n'ont point été omis. Nous nous atta-
cherons plus particulièrement dans cet examen au budget de Cochinchine, le plus important de tous et sur lequel nous possédons
des données exactes et précises qui paraissent avoir échappé aux
auteurs du projet ministériel.

I

BUDGET DE L'ANNAM ET DU TONKIN

Le budget des *Recettes* de l'Annam et du Tonkin atteindrait
17 321 000 francs. Toutefois il existe une contradiction flagrante
entre les chiffres développés au *Journal officiel* du 15 août et ceux
de l'exposé présenté par le Ministère à la Commission du Budget.
D'après le premier document, ces recettes montaient seulement,
selon les prévisions de M. Bihourd, à 14 860 000 francs. Dans le
second au contraire (annexe 2142), ces mêmes prévisions du
Résident général s'élèvent subitement à 17 489 000 francs. On ne
s'explique pas comment, du 15 août au 26 novembre, les chiffres
de chaque catégorie de recettes ont pu recevoir la majoration

qu'on leur fait subir et qui a porté sur les évaluations suivantes :

	Prévisions du Résident Général au 15 août.	Prévisions du Résident Général au 26 novembre (d'après l'exposé ministériel).
Contributions directes. .	310 000	380 000
Taxes assimilées	75 000	91 000
Contributions indirectes.	6 560 000	8 950 000
Postes et télégraphes. .	255 000	168 000 (?)
Produits divers.	160 000	400 000
Impôts annamites. . . .	7 500 000	7 500 000
Total.	14 860 000	17 489 000

La situation ne s'étant en rien modifiée du mois de juillet au
mois d'octobre, on est bien forcé de reconnaître que ces modifications optimistes n'ont pu intervenir que pour des raisons étrangères à l'état financier du protectorat et ne conservant aucune
influence sur l'encaissement même des différentes taxes. L'administration de M. Bihourd, si consciencieuse, si scrupuleuse, ga-
rantit à nos yeux l'exactitude des premiers chiffres et nous pensons que ce serait une illusion de compter sur ceux majorés fournis
en dernier lieu. La prudence commanderait donc de s'en tenir
aux 14 860 000 francs des premières évaluations, et il en résulterait
tout d'abord une réduction rectificative de 2 689 000 francs à opérer sur les prévisions du Ministère. Ce serait d'autant plus sage
que les impôts annamites comptés pour 7 500 000 francs n'avaient
donné en octobre dernier que 60 000 francs. Or, comme les
Annamites acquittent régulièrement leurs impôts dans les premiers mois de l'année, on peut avoir quelques motifs de douter
que cette prévision soit atteinte. La raison que de nombreuses
rentrées se produiront après la seconde récolte nous frappe peu,
puisque, après la première, les contribuables n'ont même pas
acquitté *un centième* de cet impôt.

Cependant nous nous sommes astreints dans ce travail à ne
toucher aux données officielles que lorsque nous pourrions en
démontrer l'erreur avec l'évidence la mieux établie, et, bien que
les raisons qui ont déterminé dans un intervalle de deux mois
cette majoration de plus de deux millions et demi nous échap-
pent absolument, nous la considérerons provisoirement comme
acquise.

Le budget des *Dépenses*, selon les prévisions de M. Bihourd, atteignait 49 197 110 francs ; le projet ministériel en retranche :

1° 100 000 francs sur lo traitement du Résident Général (qui est encore de 100 000 francs) ;

2° 130 000 francs sur les Résidences du Tonkin ;

3° 10 000 francs sur les Résidences en Annam (réduction à 40 000 francs du traitement du Résident Supérieur) ;

4° 40 000 francs sur les entrées en campagne des fonctionnaires, les agents coloniaux n'ayant pas droit à cette allocation.

Le projet ministériel fait ensuite passer à la charge de l'Indo-Chine :

1° 846 840 francs dépenses du service des Douanes ;

2° 1 119 950 francs dépenses du service des Postes et Télégraphes.

Ce qui frappe d'abord dans ce budget, ce sont les erreurs matérielles : la majeure partie des chiffres sont faux. Ainsi les prévisions réelles du projet de budget de M. Bihourd s'élèvent à 49 197 110 francs au lieu de 12 004 620 indiqué au total ; ainsi encore, les prévisions ministérielles pour 1888 s'élèvent en réalité à 11 503 120 francs au lieu de 12 004 620, chiffre porté aux tableaux ; ainsi enfin, au chapitre II, *Résidences du Tonkin,* prévu au projet Bihourd pour 965 000 francs et sur lequel le projet ministériel fait une réduction de 130 000 francs, il devrait rester aux prévisions ministérielles 835 000 francs, le tableau ne porte qu'une somme de 335 000 francs de sorte qu'il présente une réduction fictive de 500 000 francs (annexe n° 2142). A la troisième colonne de la page 17 existe une erreur d'un million. On voit quelle confiance on peut ajouter à ces chiffres.

D'autre part, les réductions projetées par le Ministère soulèvent quelques observations. Rien ne serait mieux compris, nous le reconnaissons, que cette économie de 130 000 francs réalisée en remplaçant les Résidents actuels du Tonkin par l'excédent des Administrateurs des affaires indigènes de Cochinchine, parfaitement formés et aptes à cette administration. On y gagnerait non seulement en argent, mais encore en bonne gestion des affaires publiques ; il est seulement permis de se demander de quelle manière s'y prendra le Ministère pour rappeler les Résidents du Tonkin et à quelle époque il a l'intention de commencer à procéder à cette excellente mesure. Non seulement depuis l'organisation de l'Union Indo-chinoise aucun Résident n'a été rappelé, on en a nommé de nouveaux qui n'appartiennent en aucune

manière au corps des affaires indigènes. On peut bien arrêter
ces nominations, mais, en admettant même que l'on se décide
à rappeler en France un certain nombre des Résidents nommés
depuis les premiers mois de l'année 1886, pense-t-on pouvoir le
faire sans leur payer une indemnité, au moins sans leur continuer leur solde pendant quelques mois? Cette mesure serait
rigoureuse jusqu'à manquer d'équité. Et les frais de leur voyage
de retour, qui les supportera? L'économie de 130 000 francs est
donc irréalisable actuellement.

Il serait également intéressant de rechercher si l'intention du
Ministère de ne point payer aux fonctionnaires de l'Indo-Chine
une indemnité de mise en campagne et de réaliser ainsi une
économie de 40 000 francs a reçu un commencement d'exécution.

Nous ne faisons ces observations que pour mémoire et, sur les
prévisions du budget ministériel, nous n'opércrons point les augmentations de crédit qu'elles entraîneraient. Nous adoptons donc
les chiffres fournis par le Ministère et nous trouvons pour le
Tonkin et l'Annam une situation budgétaire ainsi établie :

Recettes	17 321 000
Dépenses	12 034 620
Excédent	5 286 380

sur lequel on prélève 5 000 000 comme contingent à fournir au
budget général de l'Indo-Chine. Il reste par conséquent un boni
de 286 380 francs au budget de l'Annam et du Tonkin.

II

BUDGET DU CAMBODGE

Pour les *Recettes*, qui, d'après le projet ministériel, s'élèvent à
3 275 000 francs, nous ferons seulement quelques réserves som-
maires au sujet des Droits sur l'Opium évalués à 1 620 000 francs
et qui ne seront probablement pas atteints ; mais nous appellerons
l'attention sur des propositions faites avec insistance dans ces
derniers temps par l'ancien Résident Général, actuellement Lieu-

tenant-Gouverneur de l'Indo-Chine et tendant à restituer au Roi la perception des droits sur les alcools, des droits sur l'opium et des douanes. M. Filippini s'était énergiquement refusé à cette dernière concession qui achevait la destruction de l'œuvre de la Convention du 17 juin 1884 et de notre influence au Cambodge en éliminant du pays les derniers fonctionnaires français. Il faudrait éviter que la mort du dernier gouverneur de Cochinchine ne remît à l'ordre du jour cette combinaison qui ne laisserait plus au budget du protectorat que *vingt-cinq mille francs!*

En ce qui concerne les Douanes, nous signalerons qu'il s'agit ici, soit de droits de *transit* sur les riz de Battambang qui devaient être réduits ou supprimés afin d'obtenir du gouvernement Siamois la disparition de ses douanes frontières, soit des douanes de province à province qui sont supprimées en principe, ce qui est un grand bien. Dès lors, ou cette suppression nécessaire n'aura pas lieu, ou la prévision de 1 170 000 francs doit disparaître du budget.

Pour les *Dépenses*, le projet ministériel n'opère sur le budget du Cambodge qu'une réduction de 40 000 francs afférente à la suppression du tribunal de Pnôm-Penh et à son remplacement par une justice de paix à compétence étendue. Nous ne discuterons pas. La situation au Cambodge ne permet pas encore d'asseoir sérieusement les prévisions de recettes et de dépenses.

III

BUDGET DE COCHINCHINE

C'est ce budget qui a reçu dans les projets ministériels les modifications les plus profondes. On a conservé, pour les *Recettes*, le chiffre des prévisions de 1887 : 29 774 095 fr. 44, mais les *Dépenses* ont subi des réductions de 19 081 067 fr. 01 et n'atteignent plus que le chiffre de 11 109 028 fr. 43. Nous examinerons plus loin si ces réductions peuvent, en fait, être réalisées ; mais il est avant tout indispensable de faire comprendre par quels procédés la dernière administration de Cochinchine était parvenue à porter pour 1887 à ce chiffre de 29 774 095 fr. 44 les recettes de la colonie, qui en 1886 ne dépassaient pas 21 555 680 fr. 24 (en piastres : 5 388 920 piastres 06 c. (1).

Depuis l'origine de la conquête de Cochinchine jusqu'en 1881, les impôts de toute nature avaient été établis en francs. Pour leur perception, le gouvernement de la colonie avait attribué à la piastre, seule monnaie circulant dans le pays, un cours déterminé qui était en 1881 de 5 fr. 35, de telle sorte qu'à cette époque un impôt de 5 fr. 35 se payait avec une piastre.

En 1881, le Gouvernement de la colonie, malgré la résistance du ministère des Finances, obtint de prendre la piastre comme unité de sa comptabilité publique. Un rôle d'impôts de 5 fr. 35 devint un rôle d'impôts d'une piastre et la cote fut payée avec une pièce d'une piastre. (Décret du 5 juillet 1881.)

Mais le cours de la piastre baissant constamment et étant tombé au-dessous de 4 francs en 1886, un impôt fixé à 5 fr. 35, antérieurement à 1881, payé à cette époque par une pièce d'une piastre qui valait réellement 5 fr. 35, devenu un impôt d'une piastre en 1881 et continuant à être un impôt d'une piastre en 1886, n'était toujours payé en 1886 qu'avec une pièce d'une piastre dont la valeur réelle était inférieure à 4 francs.

L'impôt établi en piastres, suivant la baisse du cours de cette monnaie, était donc tombé depuis son ancienne fixation antérieure à 1881 jusqu'en 1886 dans la proportion de 5,35 à 4.

La fortune publique étant gravement atteinte par cette situation et menacée encore par l'éventualité de nouvelles baisses du change, l'administration de M. Filippini comprit la nécessité, pour assurer la fixité des recettes et des dépenses du budget, de reprendre une unité de comptabilité invariable, notre monnaie nationale, le franc. Il aurait été logique dès lors de fixer de nouveau à 5 fr. 35 l'impôt qui avait été fixé à 5 fr. 35 antérieurement à 1881 et qui était devenu à cette dernière époque un impôt d'une piastre, c'est-à-dire de convertir les rôles d'impôts de piastres en francs en les multipliant par 5 fr. 35. Cependant, pour de nombreuses raisons trop longues à énumérer et surtout

---

(1) Nous avons converti le chiffre de piastres en francs en prenant 4 fr. pour la valeur de la piastre, bien qu'en 1886, elle ait été en réalité de 4 fr. 20 environ ; mais comme nous serons amenés à comparer les recettes de 1886 à celles de 1887, il était nécessaire de faire le change de la piastre à son cours actuel : or le cours de 4 fr. est encore trop élevé.

pour ne point charger outre mesure la population annamite (1)
une partie de ces conversions se fit sur le taux de 4 francs, c'est-à-
dire qu'un impôt d'une piastre en 1886 resta un impôt de 4 francs
en 1887 ; d'autres se firent sur le taux de 4 fr. 50 et de 5 fr.,
c'est-à-dire qu'un impôt d'une piastre en 1886 devint pour 1887
un impôt de 4 fr. 50 ou de 5 francs ; un très petit nombre se firent
sur le taux de 5 fr. 35 et dans ce dernier cas un impôt d'une
piastre devint un impôt de 5 fr. 35. — Il ne faut pas perdre de
vue qu'à l'origine tous ces impôts avaient été des impôts de 5 fr. 35.

Telle est, en dehors de certaines plus-values de recettes dues
à une administration vigilante et d'un ou deux nouveaux revenus créés, la cause de cette augmentation de plus de *huit
millions deux cent mille francs* que la dernière administration
avait inscrite à ses recettes.

Par une mesure bien inexplicable, car elle présente d'autres
dangers plus graves encore (2), un décret du 10 décembre dernier,
revenant aux dispositions du décret de 1881, exclut le franc des
opérations de comptabilité publique pour les dépenses ou les
recettes intérieures de la colonie, reprend la piastre et anéantit
du même coup toutes les conversions. Il en résulte qu'un impôt
ayant donné au budget de 1887 selon sa nature 4 francs, 4 fr. 50,
5 francs ou 5 fr. 35, ne donnera plus dans tous les cas au budget
de 1888 qu'une piastre, c'est-à-dire peut-être 4 francs, peut-être
moins (la piastre est actuellement à 3 fr. 90, elle peut tomber
plus bas).

Pour citer un exemple, un arrêté local du 23 novembre 1887,
en exécution d'ordres donnés provisoirement et en attendant le
décret du 10 décembre, fixe à 15 cents de piastre les droits à la
sortie des riz qui, ayant été convertis à 5 francs, étaient en 1887
de 0 fr. 75. Les droits sur les riz seront ainsi réduits — en admettant que le cours de la piastre reste à 4 francs et il est infé-
rieur — de 6 000 000 de francs à 4 800 000, perdant 1 200 000 francs.

Ces explications nécessaires fournies, passons à l'examen
des recettes qui, d'après le projet ministériel, s'élèveraient à
29 774 095 fr. 44.

Ces recettes comprennent :

1° CONTRIBUTIONS DIRECTES : 6 398 955 francs. C'est bien le chiffre

---

(1) Voir les détails de cette opération dans l'*Économiste Français*, année 1888,
n°s 2 et s. Lettres de Cochinchine. N. P.

(2) Voir l'*Économiste Français*, loc. cit.

que ces impôts ont donné ou donneront pour 1887, grâce au système de budget en francs et aux conversions, mais avec le budget tel qu'il vient d'être rétabli en piastres, il faut en déduire les sommes suivantes :

	dont le taux de conversion avait été de :	et qui donnait ainsi :	Par suite de la baisse de la piastre à 4 fr.
Sur l'*impôt foncier des centres*.	5^f 35	146 055^f	46 855^f
Sur l'*impôt des patentes*. . . .	4 50	868 500	86 500
Sur la *capitation des Asiatiques étrangers*	5 »	1 705 000	341 000
Sur la *contribution additionnelle* des mêmes.	5 »	155 000	31 000
D'où une diminution forcée, sur cette première partie des prévisions, de			505 355

2° Produits des domaines : 46 000 francs. Rien à changer.

3° Produits des forêts : 327 010 fr. 32. C'est le chiffre que les droits ont donné ou donneront pour 1887 avec notre système, mais avec celui par lequel on l'a remplacé, il faut en déduire les sommes suivantes :

Sur les *permis de coupe et droits sur les bois coupés* convertis à 5 fr. 35 et donnant ainsi 294 250 fr. et par suite de la baisse de la piastre à 4 francs. . . . .   74 250^f »

4° Revenus indirects : 21 829 355 fr. 80.

Il faut déduire tout d'abord de cette prévision :

Moins-value produite par la suppression des *bourses de commerce* 2 376 355,40
Moins-value produite par la non-application de l'*impôt du Timbre*. . . . .   400 000 »
Exagération des prévisions pour les *droits de phare et d'ancrage* (réduction d'après le produit de 1887).   100 000 »
Diminution des *droits sur les alcools de riz* résultant du nouveau système (délibération du Conseil colonial fin septembre 1887). . . . .   281 500 »
Exagération des prévisions sur l'*opium* (réduction d'après le produit de 1887, 200 000 francs environ ; mais cette réduction pourra être compensée par l'accroissement de la consommation résultant de la baisse des prix). . . . .   Mémoire.
Exagération dans l'évaluation des *amendes et confiscations*. Les prévisions de 1886 ne s'élevaient qu'à 48 000 francs ; celles de 1887 ont été portées à 105 000 francs, en raison de certaines rentrées spéciales présentant un caractère extraordinaire (saisie de deux navires anglais le *Lennox* et le *Decima*). .   60 000 »

Il reste à déduire encore de la prévision ministérielle de 21 829 355 fr. 80 les sommes suivantes qui viendront en diminution de certains produits par suite du rétablissement du budget en piastres :

	dont le taux de conversion avait été de :	et qui donnait ainsi :	Par suite de la baisse de la piastre à 1 fr.
Sur l'*Enregistrement et hypothèques*.	5^f,35	294 250^f	74 250^f
Sur les *droits de phare et d'ancrage*.	5 35	492 200	124 200
Sur les *droits sur l'opium*.	4 50	8.977 500	897 750
Sur les *droits sur les alcools de riz*.	4 50	2 281 500	253 000
Sur les *droits de sortie des riz*. . .	5 »	6 000 000	1 200 000
Sur les *droits d'importation des alcools*.	5 »	300 000	60 000
Sur les *droits d'entrepôt des huiles minérales*.	5 »	60 000	12 000
Sur les *amendes et confiscations*. . .	5 »	105 000	21 000
Sur les *recettes accessoires*.	5 »	50 000	10 000

5° et 6° Postes et Télégraphes, pour mémoire. Ces recettes ont passé en effet du budget de Cochinchine au budget d'Indo-Chine ; mais elles y ont été surévaluées de deux manières :

A. Quant à leurs prévisions même avec le système du budget en francs dans lequel ces recettes pour 1887 ne dépasseront pas 300 000 francs au lieu du chiffre de 416 000 francs pour lequel elles ont été inscrites, soit une diminution de 116 000 francs à faire subir au budget de l'Union ; *B*. en raison de la transformation du budget en piastres qui, avec le taux de la piastre à 4 francs, réduit de 1/5 cette prévision, soit de 60 000 francs. En résumé, on ne peut porter au budget de l'Union que pour 240 000 francs les recettes des postes et télégraphes de Cochinchine au lieu de 416 000 francs.

7° Produits divers : 572 774 fr. 32.

Il faut déduire tout d'abord de cette prévision les produits de l'imprimerie que l'on supprime, soit. . . . . . 26 750 fr. 00.

Il reste à en déduire encore les sommes suivantes qui viendront en diminution de certains produits par suite du rétablissement du budget en piastres :

	dont le taux de conversion avait été de :	et qui donnait ainsi :	Par suite de la baisse de la piastre à 4 fr.
Sur les *amendes et saisies*	5f,35	125 000ᶠ	25 000ᶠ
Sur les *frais de justice et poursuites*. .	5 35	21 400	5 400
Sur les *droits de permis d'armes* . . .	5 35	10 700	2 700
Sur les *droits de passeports*.	5 35	58 850	14 850
Sur les *duplicata des livrets de barques*.	5 »	40 000	8 000
Sur les *duplicata des cartes de séjour des Asiatiques*..	5 »	12 500	2 500
Sur les *produits du travail des condamnés*..	5 »	5 000	1 000
Sur les *remboursements des bâtiments cédés aux villages*	5 35	52 000	4 000
Sur les *produits de l'imprimerie* supprimés en totalité, comme nous l'avons montré	» »	» »	Mémoire.
Sur les *livrets d'ouvriers*..	5 »	4 750	1 150

Il convient de supprimer entièrement l'*abonnement du Cambodge pour les frais d'entretien des lignes télégraphiques*, cette somme n'étant point portée en dépenses au budget du Cambodge . . . . 12 000 francs.

Chapitre spécial. RESSOURCES EXTRAORDINAIRES. — Ce seul terme de ressources extraordinaires aurait dû empêcher de confondre le produit porté sous ce titre au budget de la Cochinchine pour 1887 avec les recettes ordinaires. Il s'agit ici des prévisions de remboursement à effectuer par le Tonkin et le Cambodge sur les avances qui leur ont été faites précédemment par la Colonie et qui, au 20 novembre 1886, s'élevaient à 1 113 221 piastres, c'est-à-dire, en tenant compte des différents taux de la piastre à l'époque des avances, à plus de 5 000 000 de francs dont plus de 3 000 000 pour le Cambodge et près de 2 000 000 pour le Tonkin. Ces prévisions du budget de Cochinchine n'ont pas été réalisées. Au 1er novembre dernier, ni le Tonkin ni le Cambodge ne lui avaient encore remboursé un centime. Nous devons reconnaître cependant que ce dernier pays avait porté en dépenses à son budget une somme de 400 000 francs.

Mais en admettant même, contrairement à tous les principes d'économie budgétaire, que l'on inscrive les ressources extraordinaires au budget ordinaire pour faire face à des dépenses ordinaires, il resterait encore naturellement à les porter en dépenses aux budgets du Tonkin et du Cambodge puisqu'elles devraient être remboursées par ces budgets au budget de Cochinchine. C'est ce que l'on a oublié de faire. Il faut donc, dans tous les cas et sans discussion possible, retrancher du budget de Cochinchine ces 600 000 francs.

Il en résulte de la façon la plus incontestable que le budget des recettes en Cochinchine que l'on évalue dans le projet ministériel à 29 774 095 fr. 44 devra subir une diminution totale de. . . . . 7 153 000 fr. 40.

Cette diminution est un minimum. Il faut tenir compte en même temps de la diminution de recettes résultant de la diminution des dépenses de la vie administrative du pays. La perception des impôts directs ou indirects, diminuée quant à son personnel de contrôle et de surveillance, ne peut manquer de décroître ; la diminution dans les dépenses d'entretien des routes et surtout des canaux aura certainement son contre-coup sur les sorties de riz. Près des deux tiers du budget de Cochinchine prenant la direction du Cambodge ou du Tonkin, la consommation de l'opium et de l'alcool en Cochinchine s'abaissera ; l'immigration chinoise s'en ressentira de son côté. Tout cela est inévitable et l'expérience ne le montrera que trop ; cependant nous ne porterons toutes ces diminutions de recettes que pour mémoire.

En dépenses. — L'examen du nouveau budget de Cochinchine pour les dépenses, tel qu'il résulte du projet ministériel, donne lieu aux observations suivantes :

1° *Chapitre Ier.* — Toutes les dépenses du chapitre Ier : *Gouvernement, Conseil privé, Conseil Colonial*, sont supprimées et reportées au budget des dépenses du Gouvernement Général. Cependant on a rayé purement et simplement les dépenses du Conseil Colonial, soit 30 000 francs, et les grosses réparations du palais du Gouvernement, soit 20 000 francs. Or on ne peut supprimer, tant que le Conseil Colonial ne l'est pas lui-même, les indemnités de déplacement aux conseillers. Ces déplacements en Cochinchine sont fort onéreux pour ceux qui les subissent ; ils sont, de plus, réglés par un arrêté qui n'est pas rapporté. Nous admettons que l'on puisse réaliser là-dessus une économie de 15 000 francs : resteraient encore 15 000 francs à laisser au chapitre Ier du budget de Cochinchine. Il faut y laisser forcément aussi les 20 000 francs de grosses réparations au palais du Gouverneur. Ces travaux sont nécessaires pour 1888 sous peine de laisser le palais s'écrouler sous l'œuvre des termites : les réparations en question consistent en effet à remplacer les pièces de bois rongées de la charpente par des pièces de fer : d'où 35 000 francs retranchés à tort de ce chapitre. Il est vrai qu'on laisse 14 400 francs pour achat de chevaux. Cet achat est effectué et les écuries du gouvernement sont ainsi remontées. Toutes compensations faites, nous trouvons le rétablissement nécessaire d'une somme de. . . . . 20 600 francs représentant des économies impossibles à réaliser en pratique.

Ceci posé pour montrer combien ces questions ont été légèrement étudiées (1), nous pensons qu'il y a sur ce chapitre d'autres économies à faire auxquelles on n'a point songé.

2° *Le chapitre II, Administration centrale*, est réduit de 963 748 fr. 84 à 713 748 fr. 84, soit une diminution totale de 250 000 francs. On augmente de 30 000 francs le traitement du fonctionnaire qui a remplacé le Directeur de l'Intérieur et même de 50 000 francs si l'on se reporte au traitement qu'avait ce dernier en 1886 et qui, on l'a reconnu (2), n'était point en rapport avec l'importance de sa situation. Le traitement de 80 000 francs est exagéré, il pourrait être réduit à 50 000 francs ; quoi qu'il en soit, il faut augmenter les prévisions ministérielles de cette différence de traitement, soit. . . . . . 30 000 francs.

L'organisation nouvelle, telle qu'elle résulte du décret du 29 octobre 1887, fixe à 45 le personnel des chefs de bureau, sous-chefs, commis principaux, commis rédacteurs, comptables, commis de comptabilité composant les bureaux du Secrétariat Général (ancienne Direction de l'Intérieur). Le nombre de ces employés, d'après le décret de 1881 qui régissait antérieurement la matière, était de 78. Il était, en réalité, dans ces derniers temps de 79. J'admets bien qu'on puisse, en modifiant complètement les règles de l'administration, le réduire à 45, mais tant qu'on

---

(1) Un des derniers numéros de l'*Officiel* de Cochinchine arrivés en France nous apporte un curieux arrêté local signé, je m'empressé de le dire, avant l'arrivée de M. Constans. Cet arrêté du 16 novembre ouvre sur le budget de Cochinchine un crédit de 80 000 francs. « Attendu que l'installation des *hauts fonctionnaires* composant le nouveau gouvernement de l'Indo-Chine française nécessite des dépenses de la plus extrême urgence. »

L'irrégularité de cet arrêté saute si bien aux yeux qu'on a éprouvé aussitôt après le besoin de la couvrir ; on l'a donc rapporté et remplacé par un autre arrêté du 20 novembre. On garde toujours les 80 000 francs, mais on ajoute que « le prélèvement sera effectué à charge de *régularisation ultérieure* et sera versé au crédit « *d'un compte courant à ouvrir* » (?).

(2) Voir le Rapport du Ministre de la Marine présentatif du décret du 22 janvier 1887.

2

n'aura pas accompli tout d'abord cotte réforme, la réduction ne
peut avoir lieu. Il faut bien supposer que le décret de 1881 a été
pris après réflexions et, depuis cette époque, l'administration
s'est considérablement compliquée. Comment pourrait-on sérieusement, toutes choses restant les mêmes, faire avec 45 employés
une besogne administrative plus considérable que celle à
laquelle on n'avait pas jugé pouvoir suffire avec moins de 78?
En demandant à chacun un maximum de travail bien difficile
à obtenir dans un pays tropical, nous avions trouvé que l'on
peut réduire le nombre de ces employés à 58, mais c'est un
minimum qui ne peut pas être dépassé tant qu'on n'aura pas
changé du tout au tout les formes de l'administration, ce qui
n'est pas d'ailleurs impossible — nous en avons tracé nous-
même les lignes principales dans un rapport du 2 juillet 1887
— mais ce qui n'est pas fait (1).

Admettons que ces 45 employés suffisent : que fera-t-on
des 34 autres? qu'en a-t-on fait (2)? On continue à les payer et
on ne peut pas agir autrement. Comment renvoyer en Europe,
sans place, des serviteurs qui n'ont pas démérité et que l'on a
appelés régulièrement en Indo-Chine? Comment les choisir?
prendra-t-on les moins anciens? Ce sont eux peut-être qui
rendent les meilleurs services. Procédera-t-on par sélection? Que
deviendront ceux qui ont usé leurs forces physiques ou intel-
lectuelles sous un climat dévorant? S'y résolût-on même, il
faudrait leur payer une indemnité d'un an au moins; avec les
dépenses de leur voyage, cela monterait bien au-dessus même
de la réduction projetée qui par conséquent est absolument
fictive. Cette réduction, dans la prévision ministérielle, est de
78 812 francs.

Le projet ministériel porte en « déduction à faire pour les

(1) Le *Temps* du 10 janvier, à propos des employés du Ministère de
l'Intérieur, a des considérations très justes qui s'appliquent point par point
aux fonctionnaires de Cochinchine. « Vous rognez de-ci de-là quelques dépenses, vous supprimez ici quelques francs, là quelques employés; mais
comme la besogne à accomplir reste la même et qu'il faudra la faire, vos économies n'aboutiront à rien, puisque, dans votre système, il sera nécessaire d'ap-
porter plus [de temps à remplir la tâche et qu'il en faudra même davantage,
car elle s'exécutera dans de moins bonnes conditions d'entrain et de dévoûment. »

(2) Postérieurement au décret du 29 octobre, supprimant ces 34 employés,
on envoyait en Cochinchine avec le grade de sous-chef de bureau un simple
commis rédacteur du Ministère. Or il existe déjà en Cochinchine *onze* sous-
chefs de bureau et l'effectif réglementaire est de *cinq!*

incomplets et le personnel en congé, économie à réaliser d'environ 100 000 francs ». L'auteur de ce projet n'a pas remarqué que cette réduction est déjà effectuée au budget de la Colonie et qu'elle s'élève même à 122 900 francs ; encore une économie à laquelle il faut renoncer.

On supprime du coup toutes les dépenses facultatives, même les honoraires de l'avocat du gouvernement : qui plaidera les affaires de la Colonie? même les salaires des tireurs de pankas des bureaux : on ne peut cependant pas travailler sans pankas en Cochinchine, tout le monde le sait ; mais passons sur d'aussi minces affaires. Nous consentons aussi à ce que l'on supprime les 120 000 francs de l'achat d'une chaloupe, bien que cette chaloupe ne puisse être payée que sur l'exercice 1888, car elle vient seulement d'être mise en adjudication.

Il n'en reste pas moins que ce chapitre présente une économie purement fictive et impossible à réaliser de. .   178 812 francs.

3° *Le chapitre III, Administration intérieure,* est réduit de 2 579 457 fr. 16 à 1 871 002 fr. 16, soit une diminution totale de 708 455 francs.

Nous avons les mêmes observations à faire que pour le chapitre II en ce qui concerne la réduction du personnel des employés, nous ne parlons pas pour le moment des Administrateurs.

L'organisation nouvelle, telle qu'elle résulte du décret du 29 octobre 1887, fixe le nombre de ces employés à 39. L'ancienne réglementation de 1881 avait jugé indispensable de porter leurs cadres à 76. Dans l'étude que nous avions faite des réductions à effectuer il ne nous avait pas paru possible, tant — il faut le répéter — que les formalités administratives ne seront pas simplifiées, de réduire ce chiffre du décret de 1881 à moins de 73. Mais les nominations faites en 1884 et 1885, à une époque où l'on voulait se mettre à même de faire face avec le personnel de la Cochinchine à tous les besoins de l'Indo-Chine, ont excédé considérablement le nombre réglementaire. Il existe actuellement dans cette administration intérieure 115 employés : que fera-t-on des 76 à licencier? Dans tous les cas, l'économie est impossible à réaliser pour 1888.

En ce qui concerne les Administrateurs des affaires indigènes, le nouveau décret les réduit au nombre de 24. Le décret de 1881 en prévoyait 38 et nous estimions que l'on pouvait réduire ce nombre à 32. Toujours en raison des nominations faites en

1884 et 1885 (ces nominations sont faites par décret), le nombre existant actuellement est de 55. On dit bien — et ce que l'on se propose est parfaitement juste — que l'on fera passer ces Administrateurs qui ont l'habitude du pays, l'expérience des indigènes et la connaissance de la langue aux résidences du Cambodge ou de l'Annam et du Tonkin, mais alors il faudra faire rentrer en masse les Résidents qui, depuis la fin de 1885 et surtout les premiers temps de l'année 1886, encombrent ces pays. L'a-t-on fait? Non. On en a au contraire nommé d'autres depuis les décrets. Est-on disposé à le faire? Nous en doutons bien. On reculera toujours devant ces mesures brutales, bien que là le choix soit infiniment plus facile à faire que parmi nos anciens fonctionnaires de Cochinchine.

Quoi qu'il en soit, on n'a jusqu'ici réalisé aucune de ces économies de personnel. On n'en a préparé aucune. Il n'en est pas, nous l'avons montré plus haut, qui soit réalisable immédiatement.

On réduit de 10 000 francs le service des forêts déjà complètement insuffisant ; c'est possible en pratique, si c'est détestable, et nous l'accordons. Nous acceptons aussi la réduction des deux tiers des indemnités accordées précédemment aux Administrateurs sous forme de frais de représentation, frais de logement, bien que la plupart de ces indemnités, toutes même peut-être, résultent de décrets. Mais comment veut-on réduire de 172 695 fr. 20 à 8 000 francs l'entretien des 1 200 agents subalternes (police indigène), leur habillement, armement, équipement, le matériel et le mobilier des bureaux, leur éclairage, les charrettes de service, le *chauffage des chaloupes à vapeur et leur entretien, le transport d'eau douce dans les postes?* Si l'on peut en réalité sur tout cela économiser au maximum et n'importe à quelle époque une douzaine de mille francs, c'est bien tout le bout du monde.

Il y a donc, en tout, à effectuer sur ce chapitre une économie maxima de 62 000 francs ; tout le reste est une réduction purement fictive et irréalisable ; soit, à ajouter aux prévisions ministérielles du chapitre III une somme de . . . . 646 455 francs.

4° *Le chapitre IV, Services militaires :* 2 095 077 fr. 31, disparaît pour être reporté au budget général de l'Indo-Chine. Il s'est même quelque peu augmenté pendant le trajet.

5° *Chapitre V. Justice.* — Sur un crédit de 1 174 658 fr. 86, on opère une réduction de 388 000 francs « facile à obtenir, disent les observations marginales du projet ministériel, par la suppression des Tribunaux de première instance de Cochinchine autres que ceux de Saïgon et de Vinh-Long, si on les remplace par des Justices de paix à compétence étendue *dans chaque arrondissement* ».

Il s'agirait, d'après ce texte même de la suppression des Tribunaux de première instance de Chaudoc, Soctrang, Bentré, Mytho et Binh-hoa et de leur remplacement par des Justices de paix dans les dix-huit arrondissements de Cochinchine où il n'existe pas ou plus de Tribunaux. Sept Justices de paix étant établies déjà en principe, il en resterait onze à créer. Ainsi, d'un côté on supprime dans le projet cinq Tribunaux, de l'autre on crée onze Justices de paix. Or la dépense de personnel d'un Tribunal comme celui de Mytho est de 61 000 francs environ ; celle d'une Justice de paix est de 30 000 francs environ : on réduit d'un côté 305 000 francs, on ajoute, de l'autre, 330 000 ; nous ne voyons pas cette économie de 388 000 francs « facile à réaliser ».

Il est vrai que le décret du 15 novembre 1887 est déjà en contradiction avec les *motifs* du budget ministériel. D'après ce décret, ce n'est plus onze Justices de paix nouvelles que l'on crée ; au lieu d'un total de dix-huit Justices de paix et deux Tribunaux, on ne laisse plus en Cochinchine pour le service judiciaire que six Justices de paix et deux Tribunaux. Ici l'économie est réelle, mais examinons où mène cette situation.

En 1886, le nombre des affaires devenait de plus en plus considérable et des réclamations se produisaient à chaque instant par suite de l'éloignement entre le justiciable et le juge. On comprit la nécessité de créer des Justices de paix à compétence étendue, sinon dans tous les arrondissements dépourvus de Tribunaux, au moins dans les centres les plus reculés de sorte que le juge ne fût plus inaccessible au justiciable. Non seulement le décret du 15 novembre 1887 supprime cinq Tribunaux sur sept, mais — contrairement aux indications marginales du projet ministériel de budget — il ne place même pas de Justices de paix dans tous les endroits où il y avait des Tribunaux, à Bentré par exemple, qui jugeait 2 200 affaires. La situation a-t-elle changé depuis 1886 ? Non, puisque le nombre des affaires a encore augmenté : les dernières statistiques le prouvent (le nombre des affaires est monté de 9 000 à 10 000 de 1886 à 1887). Il ne sera donc pas

possible de répondre aux exigences du service judiciaire. Aux
yeux des hommes les plus compétents et les plus disposés à
seconder le Gouvernement dans cette voie d'économies, il serait
rigoureusement indispensable d'ajouter au nombre de ressorts
fixé par le dernier décret un Tribunal à Mytho et deux Justices
de paix à Bentré et à Long-Xuyen. Encore faudra-t-il plusieurs
jours aux justiciables de Rach-Gia, par exemple, pour arriver au
juge français. Nous ne parlons pas des audiences que les magistrats devront aller tenir dans chacun des arrondissements de
leur ressort : elles ne seront pas tenues en pratique. Il est matériellement impossible au juge de paix de Chaudoc, par exemple,
d'aller chaque mois à Hatien, à Long-Xuyen et à Rach-Gia,
tout en écoulant les affaires qu'avait à juger le tribunal de
Chaudoc. Il faudrait déjà au moins huit jours pour aller et revenir de Chaudoc à Rach-Gia pendant la saison des pluies, au
moins *un mois* pendant la saison sèche, et aucun Européen ne
pourra résister à de telles fatigues, redoutées même des Annamites. Les frais de déplacement absorberaient d'ailleurs, et au
delà, toute l'économie.

En agissant ainsi, après avoir remplacé la justice indigène par
la justice française, nous refusons cette dernière à nos sujets,
nous lésons gravement leurs droits, nous renonçons au meilleur privilège de notre domination qui est en même temps un
devoir de cette domination. Il était difficile de commettre une
faute plus grosse de conséquences.

6° *Le chapitre VI, Instruction publique*, passe de 1 494 370 fr. 38
à 1 194 370 fr. 38 et subit par conséquent une réduction de
300 000 francs. A condition de ne construire aucune nouvelle
école, une réduction de 142 000 francs y est possible. Nous admettons encore que l'on ne donne pas suite au projet, pourtant
si intéressant et si plein d'avenir, de création d'une école d'ap-
prentissage manuel pour les jeunes indigènes, dite *École des
Cent-Métiers*. Le ministère nous réclamait cependant la mise à
exécution de ce projet avec une insistance faisant grand honneur à ses tendances civilisatrices; mais nous ne nous appli-
quons pas à signaler les réductions *mauvaises*, nous montrons
seulement les réductions *impossibles* et l'on peut trouver là une
économie de 71 500 francs. Quant à la réduction de 90 000 francs
sur le personnel, on ne peut y songer. Renvoyer 15 instituteurs
européens ne donnerait point, nous l'avons établi pour d'autres

fonctionnaires, une économie immédiatement réalisable et ce serait une faute politique sévèrement jugée par les Annamites pour qui l'instruction est le premier des honneurs et le premier des devoirs. Que diraient ceux qui prétendent que nous ne faisons rien pour les indigènes? Et ce sont précisément ceux qui ont inspiré ce projet de budget. Singulière contradiction! De toutes manières, il faut replacer au chapitre VI cette réduction irréalisable de. . . . .   90 000 francs.

On pourrait faire quelques économies sur les bourses qui constituent, en fait, la gratuité absolue. Beaucoup de familles sont aisées et tout disposées à payer les 30 piastres que coûtent leurs enfants et à se charger de leur habillement.

7° *Chapitre VII. Cultes.* — On se demande comment les auteurs du projet ministériel, si économes lorsqu'il s'agit de l'instruction publique, laissent subsister au budget du culte des travaux de grosse réparation qui auront été exécutés en 1887, 6 000 francs, et le remboursement d'une retenue de garantie qui est effectué, 8 800 francs. Il semble peu nécessaire aussi de laisser deux jardiniers à l'évêque qui a à son service de nombreux chrétiens.

8° *Chapitre VIII. Trésor.* — On supprime 22 348 francs d'indemnité de logement à 24 agents, sans s'être rendu compte que cette indemnité spéciale aux agents du Trésor résulte de droits acquis par eux en vertu d'engagements pris vis-à-vis du Ministre des Finances qui n'y laissera certainement pas déroger. Nous admettons l'économie de 17 500 francs sur les travaux à effectuer aux bâtiments, mais nous avons à rayer celle de. . .   22 348 francs.

9° *Chapitre IX, Postes et Télégraphes :* 2 320 623 fr. 47. — Ce chapitre passe tout entier au compte du Budget Général qui prend ainsi à sa charge, comme il est juste d'ailleurs, les 1 307 317 fr. 28 que la Cochinchine a seule supportés jusqu'ici pour subvention aux services de navigation du Tonkin, de Singapore ou de Bangkok. C'est cette subvention profitant à toutes les possessions françaises d'Indo-Chine et payée par la seule colonie de Cochinchine qui a sans doute fait écrire par les auteurs du projet en parlant des dépenses des Postes et Télégraphes : « Ces dépenses sont exagérées. »

10° *Chapitre X. Services financiers et frais de perception.* — Sur un budget de 475 297 fr. 25, une réduction de 98 144 fr. 75 se justifie. Il s'agit de dépenses d'organisation et d'installation une fois faites et qui ne sont pas à renouveler. Cependant, si l'on devait établir l'impôt du Timbre, comme le budget des recettes l'escompte, la suppression des deux receveurs et du commis serait impossible.

11° *Chapitre XI. Services pénitentiaires.* — Sur un budget de 673 052 fr. 62, une réduction de 240 000 francs s'applique à des travaux de construction de prison exécutés en 1887 et qu'il n'y a plus lieu de faire figurer au budget. Nous ferons seulement observer, en réponse à cette observation marginale : « Une réorganisation de service permettrait de réaliser des économies plus importantes », que cette réorganisation de service à laquelle le gouvernement poussait par toutes ses dépêches l'administration de Cochinchine, consiste à construire de nouvelles prisons et à nommer des directeurs ou greffiers d'écrou européens. Ce projet, conçu par un Inspecteur des colonies à son passage en Cochinchine, entraînait pour la colonie de telles dépenses que, malgré les rappels constants du Ministère, nous éludions la mesure et la faisions traîner en longueur. Il s'agissait de plus d'un million.

12° *Chapitre XII. Assistance publique.* — Nous n'avons rien à dire sur la réduction de 96 000 francs faite sur les 262 061 fr. 53 de l'Assistance publique. On a beaucoup critiqué la subvention accordée pour la création d'un hôtel au cap Saint-Jacques. Combien, à une époque récente, n'avait-on point préconisé la création de sanitoria au Tonkin ! La situation cependant est la même et c'était là un sanitorium à bon marché. Nous ne discuterons pas non plus la suppression des dots aux jeunes orphelines métisses. Il s'agissait de pauvres filles, nées d'anciens fonctionnaires européens et de femmes indigènes et l'on avait voulu, en raison du sang français qui coule dans leurs veines et en souvenir des services de leurs pères, les empêcher de tomber à la prostitution annamite en leur facilitant leurs mariages avec des Français, le plus souvent créoles peu fortunés. Il est à croire que la presse mieux renseignée eût épargné sur ce point au Conseil Colonial ses moqueries.

13° *Chapitre XIII. Ports.* — Une économie de 13 000 francs sur un budget de 60 616 fr. 08 résulte de la suppression du deuxième lieutenant de port et de l'Observatoire. La première de ces mesures est mauvaise parce qu'elle rendra beaucoup moins exacte la surveillance des navires dans le port et facilitera la contrebande. La seconde est déplorable : j'en appelle à tous les Chefs de Division Navale qui se sont succédé à Saïgon. Depuis

les premiers temps de l'occupation, on reconnaît la nécessité
d'un Observatoire qui pourrait au moins donner l'heure exacte
aux navires et se faire signaler les typhons des mers de Manille
et de Chine. En 1886, l'administration avait demandé plus de
100 000 francs au Conseil Colonial pour obtenir ces résultats. Grâce
au concours de la marine et avec une autre combinaison, nous
étions arrivés au but cherché avec une somme de 6 000 francs. La
suppression de ce service indispensable montre assez dans quel
esprit léger et ignorant ces réductions ont été opérées.

14° *Chapitre XIV. Imprimerie.* — On compte, en supprimant
l'imprimerie qui coûtait 223 540 fr. 24, réaliser une économie de
190 000 francs. On laisserait 33 540 fr. 34 comme indemnités au
personnel licencié. Nous sommes d'autant plus à l'aise pour examiner la question que nous avons proposé nous-même la suppression de l'imprimerie (voir page XLI du rapport d'ensemble
pour 1887). Le maximum de l'économie devant en résulter n'atteindrait pas 90 000 francs et elle n'est rien moins que certaine.
Les auteurs du projet ont absolument perdu de vue la nécessité
de continuer la publication de l'*Officiel,* celle de certains pério-
diques indispensables, de fournir leurs imprimés à tous les services. Nous nous sommes tenu au-dessus de la vérité en éva-
luant la réduction à 90 000 francs, encore faudrait-il s'adresser à
l'une des grandes imprimeries de la métropole, et non à celles
fixées dans la colonie dont les prix sont plus élevés. Le surplus
constitue donc une réduction fictive qu'il est nécessaire de rétablir pour . . . . 100 000 francs.

15° *Chapitre XV. Commerce, agriculture, industrie.* — On réduit
de 744 772 fr. 25 à 504 804 25 les allocations attribuées à ces
services. C'est une économie de 239 968 francs qui, si elle est
mal appliquée, pourra coûter très cher à la colonie en retardant
indéfiniment le développement ou la mise en valeur de ses ressources (1). Il suffit de lire les rapports du Directeur de l'Intérieur au Conseil Colonial pour 1887 (p. XLII) pour être convaincu

____

(1) Un des premiers actes de la nouvelle organisation a été de désaffecter
le *Musée commercial* que nous avions créé et qui est destiné désormais à servir
de palais à l'un des hauts fonctionnaires du nouveau personnel. Le Musée
commercial exposait aux yeux des consommateurs indigènes et des détaillants
chinois les produits de l'industrie française avec leurs prix vrais et l'indica-
tion de leur origine. Nous étions arrivés à faire ainsi une concurrence sérieuse
aux Anglais et aux Allemands dont les articles fournissent exclusivement les
entrepôts de Singapore et de Hong-Kong.

de l'emploi judicieux des sommes demandées à la colonie. On supprime 33 052 francs de traitement au personnel : il n'est pas possible de voir à quels services spéciaux on a eu l'intention de toucher. Nous espérons qu'il ne s'agit ni du Directeur du Jardin botanique et de l'acclimatation, ni de l'Inspecteur d'agriculture, ni même de l'Agent commercial de la colonie en France. Nous ne pensons pas qu'il s'agisse non plus des 16 000 francs que le ministère a imposés à la Colonie pour la pension en France d'un botaniste *in partibus*. On ne peut pas voir davantage à quelles *subventions* spéciales s'applique la réduction de 88 500 francs. La réduction de 118 416 francs pour travaux exécutés en 1887 et qui ne doivent plus se reproduire est parfaitement justifiée. En réalité, nous estimons que l'on pourrait à la rigueur faire des économies assez importantes sur ce chapitre en diminuant par exemple, dans une large mesure, la subvention théâtrale et en ne donnant pas suite pour le moment à l'organisation du haras. La première est une dépense de luxe, la deuxième d'utilité secondaire.

16° *Chapitre XVI. Travaux publics.* — Le projet ministériel fait subir au budget des Travaux Publics de Cochinchine qui s'élevait à 4 834 378 fr. 94 en 1887 un retranchement de 2 621 545 fr., c'est-à-dire de plus de moitié. Les explications tiennent quatre petites lignes de colonne. On réduit de 371 545 fr. les dépenses du personnel. Au budget de 1887, ces dépenses de personnel s'élevaient à 677 497 fr. 90, c'est-à-dire qu'elles n'atteignent pas 15 p. 100 de la dépense totale du chapitre et certainement pas 10 p. 100, si l'on tient compte des travaux portés aux différents autres chapitres du budget, même défalcation faite des 680 000 francs de la garantie d'intérêts du chemin de fer de Saïgon-Mytho qui ne peut être comprise comme dépense de travaux. Nous ne savons si l'on reste, en France, dans une proportion inférieure. Toujours est-il que l'on a soutenu le plus sérieusement du monde que les dépenses de personnel en Cochinchine excèdent les dépenses de travaux. Cette idée est si bien admise que les chiffres indiscutables qui précèdent ne suffiront pas sans doute à en faire revenir : telle est cependant la vérité absolue. C'est aux hommes compétents en matière de travaux publics de voir si, dans une colonie où les salaires sont forcément très élevés, on peut faire descendre à moins de 5 p. 100 la proportion du personnel dirigeant aux travaux. Mais il resterait encore l'impossibilité déjà signalée de renvoyer sans indemnité un personnel même inutile. L'économie de 371 545 francs n'est donc pas immédiatement réalisable.

On supprime ensuite 582 000 francs sur l'*entretien des routes, ponts et canaux*. Il n'est pas possible que l'on ait cherché à se rendre compte des dépenses nécessaires de cet entretien. Quelques chiffres le montreront : il existait à la fin de 1886 en Cochinchine 1 076 kilomètres de chemins vicinaux dont 132 avec empierrement. On trouvait à la même époque sur ces chemins vicinaux 3 271^m,20 de ponts en bois et 1 335^m,40 de ponts en fer. Les arrondissements avaient dépensé pour cette vicinalité : en travaux neufs, environ 350 000 francs ; en travaux d'entretien, environ 260 000 francs d'argent et 1 600 000 francs environ de prestations. En comptant entre les travaux neufs et les travaux d'entretien la même proportion pour les prestations que pour les dépenses d'argent, on trouve qu'il a été appliqué un peu plus de 900 000 francs à l'entretien et que cet entretien est revenu à un peu moins de 0 fr. 90 le mètre courant. Pour la grande voirie, la longueur des routes à l'état d'entretien est de 700 kilomètres environ et celles à l'état de terrassements à 900 kilomètres environ. L'entretien des routes, ponts et canaux a été inscrit au budget de 1887 pour une somme de 882 400 francs. De cette somme, la réduction faite ne laisse plus que 300 000 francs. En admettant que l'on ne fasse aucun travail pour les canaux, ni pour les routes à l'état de terrassements, c'est donc 300 000 francs qui devront suffire à l'entretien de 700 kilomètres de routes, c'est-à-dire moins de 0 fr. 45 c. le mètre courant, la moitié de ce que coûte l'entretien normal des simples chemins vicinaux. La vicinalité dispose cependant de moyens bien plus actifs que les travaux publics, voire au besoin de corvées. L'impossibilité de cette réduction saute aux yeux. La laisser s'accomplir, c'est, avec les variations climatériques et l'humidité de Cochinchine, arriver en deux ou trois ans à la destruction complète et irréparable de toutes nos voies terrestres.

Pouvons-nous même nous condamner à ne faire aucune dépense pour les canaux? Chacun reconnaît que l'entretien actuel est absolument insuffisant à prévenir les envasements et que pour remettre nos voies navigables dans le même état que nous les avons reçues de la domination Annamite, il nous faudrait environ 18 000 000 de travaux de dragage. Il y a une dizaine

d'années 2 ou 3 millions auraient suffi. Si l'on attend dix ans
encore, les envasements continuant, 40 000 000 seront peut-être
nécessaires et que l'on n'oublie pas qu'en Cochinchine, grâce au
flot et au jusant, les canaux sont le chemin qui marche dans
tous les sens, la voie de communication nécessaire et ayant
vraiment un caractère national. Il existe réellement un côté
politique à la question des canaux. Comme voie d'assainissement
et d'irrigation, ils ont, en outre, une influence directe sur la
production agricole.

Donc la réduction de 582 000 francs est absolument impossible, ce serait de la folie.

Nous admettons les 30 000 francs compris comme suppression
d'indemnités, mais l'on supprime d'un seul coup 1 638 000 francs
de travaux neufs sur 2 605 277 fr. 28 dont l'exécution avait été
prévue en 1887. Une somme plus considérable encore était à
prévoir au budget de 1888. Elle s'appliquait, pour une large
part, à la continuation des travaux commencés en 1887 et qui
vont ainsi rester suspendus (1) et exposés par conséquent à une
destruction rapide ; pour une autre part, à des travaux de dra-
gages indispensables. Nous ne parlons pas des entrepreneurs
qui ont établi leurs chantiers pour des travaux probables de plus
de 2 millions et demi et qui vont les voir réduits à moins de
1 million. Pour la plupart d'entre eux, c'est la ruine, leur disparition de la colonie qui perdra ainsi, même pour l'avenir, les
moyens matériels de pourvoir à ses adjudications. Il n'est pas
inutile de faire remarquer ici que pas un entrepreneur ne s'est
réellement enrichi en Cochinchine depuis la conquête. Cette
observation devrait mettre fin à des légendes qui viennent de
faire bien du mal à la Cochinchine.

En résumé, l'une des économies proposées, celle de 371 545 fr.
sur le personnel, n'est pas immédiatement réalisable. Celle de
582 000 francs, sur l'entretien est matériellement impossible,
celle de 1 638 000 francs de travaux neufs, bien que devant con-
tribuer à la ruine de la colonie, est à la rigueur possible :

---

(1) Le Gouvernement anglais, dans un document récent, préconisait de
grands travaux publics en Birmanie comme le meilleur procédé à employer
pour arracher à la misère et à l'insurrection une partie importante de ses
nouveaux sujets, pour répandre parmi eux, en même temps que des salaires
réguliers, l'idée que la domination anglaise est assise dans leur pays sur des
bases inébranlables.

nous la laissons subsister, mais nous devons restituer au chapitre XVI . . . . 953 555 francs.
de réductions purement fictives.

17° *Chapitre XVII. Contributions indirectes.* — On fait passer
les 3 924 098 fr. 59 que coûte le service des Contributions Indirectes au Budget Général de l'Indo-Chine. Rien à dire. Signalons
seulement que le projet de budget de Cochinchine pour 1888,
préparé par la précédente Administration, présentait sur le chapitre des contributions indirectes une économie de près de
500 000 francs due à l'organisation d'un nouveau mode de perception pour les alcools et à quelques autres réformes pratiques.
Il est à craindre que le changement du directeur de cet important service n'ait remis en question cette économie.

18° *Chapitre XVIII.* — Au chapitre des *Dépenses diverses et Dépenses
d'ordre* montant en 1887 à 2 076 946 fr. 73, on opère une réduction de 545 200 fr. La suppression des 155 200 francs de dépenses
imprévues dans l'administration d'une Colonie où, à chaque instant, peuvent se présenter des éventualités qu'il n'a pas été possible d'envisager au moment de l'établissement du budget reti-
rera au Gouvernement Général toute liberté d'action dans des
circonstances graves et urgentes. De ce que cette somme est
inscrite, il ne s'ensuit pas du reste qu'elle soit dépensée : il n'y
est fait d'imputations qu'après délibération du Conseil Privé.
Les entraînements ne sont donc pas à craindre. En réalité, c'est
à peine si, en 1887, l'Administration a prélevé sur ce crédit
quelques milliers de francs.

Pour la suppression de la subvention aux Missions étrangères,
rappelons seulement que cette subvention avait été demandée
à la Colonie par M. de Freycinet, alors ministre des Affaires
Étrangères et président du Conseil (1). La Colonie s'était em-

---

(1) Au sujet des chrétiens indigènes dont on s'est occupé de nouveau dans
ces derniers temps, que l'on me permette de citer l'avis d'un Anglais, établi
en Chine depuis plus de vingt ans et représentant la France comme Consul
à Chefoo, mon honorable ami sir Thomas Fergusson, auteur de recher-
ches intéressantes sur les mœurs chinoises. Cette opinion place la question
sous son véritable jour : « La religion pour les Asiatiques, dit-il, est censée être
« une réunion de règlements sociaux : aussi l'introduction d'un culte étranger
« leur a-t-elle semblé, d'après cette idée, une innovation en faveur d'une
« nation particulière. » Donc les chrétiens sont tenus pour nos partisans, le
deviendraient même malgré eux et, en fait, dans la plupart des cas, n'em-
brassent la religion chrétienne que comme un acte d'adhésion à notre état

pressée de déférer à ce désir comme chaque fois que la Métropole faisait appel à son concours (pour la construction d'un appontement des transports, par exemple, 100 000 francs en deux annuités) ; cette subvention était destinée à couvrir la Mission de Cochinchine des charges exceptionnelles que lui avaient imposées après les massacres de l'Annam (1885-1886), l'émigration des chrétiens du Thuan-Khanh, du Binh-Phu et des Quang ; mais le Gouverneur, M. Filippini, avait eu la prévoyance de se servir de cette subvention comme d'un moyen d'action sur les missionnaires et il avait exigé en retour que les écoles dirigées par eux enseignassent le français. Grâce à cette heureuse idée, nous aurons en Cochinchine 6 000 enfants de plus formés aux principes de notre langue. Cela ne vaut-il pas 50 000 francs ?

La suppression des 290 000 francs de l'allocation exceptionnelle au personnel métropolitain pour services passés est toute naturelle. Cette allocation ne devait pas se reproduire ; c'était, dans l'esprit du Conseil Colonial, la liquidation d'un état qu'il jugeait d'une inégalité choquante puisque, aux termes des décrets sur le Compte de prévoyance, les fonctionnaires de certaines administrations avaient droit de toucher au bout de six ans les six cinquièmes de leurs traitements, tandis que cet avantage était refusé à d'autres fonctionnaires ayant la même durée de services. On peut trouver qu'il était contraire aux règles d'une économie rigoureuse d'agir ainsi ; mais il faut reconnaître que cette disposition avait des raisons d'équité. L'administration ne dissimula pas d'ailleurs au Conseil Colonial qu'elle voyait d'un très mauvais œil cette allocation ; mais si, au budget de 1886, ce budget se réglant en déficit, elle avait pu s'opposer à cette mesure, dès lors présentée par le Conseil, elle ne le pouvait plus en 1887, alors que le budget se réglait par un boni de 3 millions : le Conseil colonial, aux termes de son décret organique du 8 février 1880 (art. 40) disposant librement de ses excédents de recettes. Il n'était pas inutile de fournir ces expli-

---

social. Ils ont par là des titres à notre protection, mais dans cet ordre d'idées seulement, et pour tout le reste nous devons tenir la balance rigoureusement égale entre les Bouddhistes, assez rares et que l'on a confondus à tort avec les sectateurs des doctrines morales ne rendant un vrai culte qu'aux ancêtres, ces derniers qui forment la grande majorité de la population, et les Chrétiens. Telle a été notre règle.

cations qui font justice de certains griefs élevés dans ces derniers temps contre la Cochinchine.

On peut réaliser d'autant plus facilement, comme le propose le projet ministériel, une réduction de 50 000 francs sur les dépenses facultatives que le crédit de 32 000 francs pour l'ouverture d'un passage dans les rapides de la grande vallée Laotienne devient inutile. Ce passage a été trouvé et deux chaloupes à vapeur de la Colonie sont arrivées jusqu'aux cataractes de Khon.

19° *Chapitre XIX.* — Sur les 291 200 francs du *Service de la Caisse et du Compte de prévoyance*, le projet ministériel supprime seulement 41 200 francs représentant les allocations attribuées en vertu d'arrêtés par le Conseil Privé aux fonctionnaires de la Direction de l'Intérieur pour la période de leurs services qui avait précédé la création du Compte de prévoyance. Il y a d'autant moins à reprendre à cette suppression qu'il ne reste plus, pensons-nous, en 1888, aucun fonctionnaire ayant à réclamer une prestation quelconque en raison de ses services antérieurs dans les conditions du décret qui leur avait accordé ce droit. Mais depuis on est allé bien plus loin et le décret du 29 septembre 1887 a supprimé pour les fonctionnaires de Cochinchine la Caisse et le Compte de prévoyance créés par les décrets du 10 février 1873, 2 juin 1876 et 4 mai 1881 (1). On a pris pour raison de cette suppression que le bénéfice du Compte de prévoyance avait été, en fait, étendu à des fonctionnaires qui n'y étaient point régulièrement appelés (voir le Rapport présentatif du Décret) ; mais suit-il de là que l'on puisse, *sans compensation aucune*, supprimer pour les fonctionnaires dont le droit au bénéfice du décret de 1881 est indiscutable les avantages de ce droit ? Cette mesure rigoureuse est très contraire au moins à l'équité. Nous avons été les premiers à demander la suppression du Compte de prévoyance dont nous avons été les premiers à signaler les dangers (voir *Rapports au Conseil Colonial pour 1887*, p. CLXVI). Sans entrer dans l'examen du système que nous avons proposé, nous dirons seulement qu'en assurant aux fonctionnaires de Cochinchine, après quinze ans de services effectifs

(1) Le décret du 7 septembre 1887 réformant le personnel du service des Contributions indirectes dispose, art. 9, que ce personnel continuera à jouir du Compte de prévoyance. Vingt-deux jours après, le décret du 29 du même mois supprime ce Compte.

dans la Colonie, une retraite très avantageuse et compensant largement pour eux la suppression de leur ancien Compte de prévoyance, nous faisions réaliser à la Colonie une économie annuelle moyenne de plus de 606 000 francs sur la dépense qui devait lui être occasionnée par le maintien des dispositions du décret de 1881. La part contributive annuelle de la Colonie dans cette Caisse de retraites se limitait à 106 230 francs ; cependant les fonctionnaires avaient accueilli avec la plus grande faveur notre projet, tandis que le retrait pur et simple, sans compensation, du décret de 1881 leur paraît à tous, sans exception, la violation des engagements pris envers eux par la Colonie, la suppression arbitraire et brutale de leurs droits acquis. Il faut espérer que leurs réclamations unanimes amèneront peut-être le Ministère à étudier les moyens que nous lui avions offerts de parvenir au même but sans léser personne.

20° *Chapitre XX. Dépenses extraordinaires.* — Le projet ministériel supprime, sur les 5 333 765 fr. 97 portés au budget de Cochinchine en 1887 sous cette rubrique, le montant du contingent de 1 595 514 francs actuellement versé au Trésor public par la Colonie et explique, dans la colonne *observations*, que ce contingent sera compris dans celui que la Cochinchine versera au budget de l'Indo-Chine. Cette assertion est en contradiction flagrante avec les inscriptions de recettes du projet de budget métropolitain pour 1888. Le contingent de la Cochinchine continue à y figurer, et même pour 1 727 103 francs, c'est-à-dire pour près de 200 000 francs de plus qu'au budget de 1887 (voyez Rapport Yves Guyot, p. 222). D'ailleurs de deux choses l'une : ou bien la Cochinchine continuera à payer à la Métropole çe contingent de 1 727 103 francs qui devrait même être porté à 2 200 000 francs, et alors la réduction indiquée par le projet ministériel est purement fictive et n'existe pas, ou bien la Métropole recevant 1 727 103 francs de moins en 1888 qu'en 1887, c'est absolument comme si elle augmentait de cette somme la subvention de 20 000 000 qui figure au chapitre Ier du budget des recettes de l'Indo-Chine. Dans les deux cas, il existe ici une réelle dissimulation.

La seconde réduction opérée sur le chapitre XX, versement à la Caisse de réserve de l'excédent des recettes, est tout aussi illusoire, car cet excédent n'existe plus. Nous avons montré en effet que le projet de budget ministériel exagère les recettes d'au moins 7 153 000 fr. 40 ; nous avons montré ensuite qu'il opère sur les dépenses des réductions absolument fictives et irréalisables réparties ainsi entre les différents chapitres :

	Francs.	
Chapitre I.	20 600	
Chapitre II.	178 812	
Chapitre III.	646 455	
Chapitre IV.	»	Passé au budget général.
Chapitre V	»	Économie réelle, mais service judiciaire désorganisé et impossible.
Chapitre VI. . . .	90 000	
Chapitre VII (cultes).	»	Il y a au contraire une économie de 14 800 francs à réaliser qui a échappé aux auteurs du projet.
Chapitre VIII.. . . .	22 348	
Chapitre IX.	»	Passé au budget général.
Chapitre X	»	
Chapitre XI.	»	
Chapitre XII.	»	
Chapitre XIII.. . . .	»	Observatoire, indispensable à la sûreté de la navigation, supprimé.
Chapitre XIV	100 000	
Chapitre XV.	»	
Chapitre XVI	953 545	
Chapitre XVII. . . .	»	
Chapitre XVIII. . . .	»	
Chapitre XIX , ...	»	
Chapitre XX.	1 727 103	
Total.	3 738 863	

Au total 3 738 863 à rétablir au budget des dépenses de la Colonie tel qu'il résulte des prévisions ministérielles pour 1888. Et rappelons qu'il ne s'agit pas ici de crédits à rétablir parce que leur suppression est *mauvaise*, mais de crédits à rétablir parce que leur suppression est *impossible;* de même que nous avons laissé figurer en recettes toutes les prévisions ministérielles *même douteuses*, ne supprimant que les *irréalisables*.

La situation budgétaire vraie, en Cochinchine, pour 1888, peut donc s'établir ainsi :

		Fr.	c.	
Budget des recettes	Budget des recettes de 1887	30 190 095,44		
	Prévisions ministérielles pour 1888.	30 190 095,44		
	Prévisions justifiées . .	23 037 095,04		Cette réduction vient en grande partie du rétablissement du budget en piastres.

Budget des dépenses {
Budget des dépenses de 1887 . . . . 30 190 095,44
Prévisions ministérielles pour 1888 . . . . . . 11 109 028,43
Prévisions nécessaires. 14 847 891,43
} { Y compris le versement à la réserve d'un excédent de 3 450 251 fr. 97.

D'où il résulte qu'il ne reste plus comme contingent à verser au Budget Général que 8 189 203 fr. 61 au lieu de 18 500 000 francs.

Et, rien que par l'exagération de ce seul contingent, un déficit certain au Budget Général de 10 310 796 fr. 39.

IV

BUDGET GÉNÉRAL DE L'INDO-CHINE

Les *Recettes* du Budget Général comprennent :

1° La subvention métropolitaine. . . . 20 000 000 francs.

2° Les crédits portés au budget du Service Marine pour l'entretien des troupes de Cochinchine. . . . . 1 770 000 —

3° Les crédits inscrits au budget Colonial pour les dépenses des services civils et militaires de Cochinchine. , . . 3 136 150 —

Au sujet de ces crédits inscrits au budget Marine ou au budget Colonial pour le service de la Cochinchine, il est opportun de rappeler que, dans sa séance du 7 mars 1887, sur l'initiative de M. Garcerie, vice-président du Conseil Colonial, cette assemblée a adopté par acclamation une proposition tendant à prendre à la charge de la Colonie l'intégralité de toutes ces dépenses, dites dépenses de souveraineté (1). Le budget Colonial et le budget Marine pour l'année 1887 étant arrêtés au moment où cette délibération est intervenue, il n'avait pas paru utile de l'appuyer d'une inscription de crédit. Cependant cet incident est à retenir, parce

(1) L'influence personnelle de M. de La Porte et ses conseils écoutés avaient été pour beaucoup dans ce vote.

qu'il dénote la volonté spontanée de la Cochinchine de se suffire à elle-même, ce dont l'excédent budgétaire de 1887 lui fournissait les moyens.

Des crédits inscrits au budget Colonial pour les services civils, il faudra évidemment retrancher les 54 000 francs qui constituaient le traitement du Gouverneur de Cochinchine dont le poste est supprimé.

4° Les recettes des postes et télégraphes
(Cochinchine, Cambodge, Tonkin). . .   584 000 francs.

Nous avons montré, en étudiant le budget des recettes de Cochinchine, que le produit des Postes et Télégraphes de Cochinchine ne pourrait s'élever en 1888 qu'à 240 000 francs au lieu de 416 000, d'où une diminution de 176 000 francs sur cette prévision.

5° Le contingent de la Cochinchine. . .   18 500 000 francs.

Nous venons d'établir, à la fin du paragraphe 3, que, même en arrêtant presque la vie de la Colonie, le maximum de ce contingent ne peut être que de 8 189 203 fr. 61.

6° Contingent de l'Annam et du Tonkin.   5 000 000 francs.
7° Contingent du Cambodge. . . . . .   1 000 000   —

Nous avons vu que rien n'est moins sûr que le reliquat sur lequel on compte pour la fixation de ces contingents.

En définitive, ces réductions forcées effectuées, les recettes du Budget Général montent seulement à. . .   39 449 353 fr. 61.

Le budget des *Dépenses* comprend :

1° Le Gouvernement Général pour . . .   500 000 francs.

Nous avons montré, en étudiant le budget de Cochinchine, chapitre Ier, comment ce crédit devait forcément être surélevé. Nous avons indiqué, dans un renvoi sous le même chapitre, comment, en fait, on a déjà opéré un prélèvement de 80 000 francs absolument non prévu pour « l'installation de hauts fonctionnaires » avant même l'arrivée du Gouverneur Général ; mais nous avons déjà rétabli au budget de Cochinchine, sauf en ce qui concerne ces 80 000 francs que nous négligeons, ces augmentations de dépenses ; nous ne les signalons que pour mémoire.

2° Guerre. . . . .   29 000 000 francs.

Il n'entre pas pour le moment dans le cadre de ce travail d'indiquer les économies à faire en Indo-Chine; mais il est certain que l'on pourrait, sur les services militaires, en effectuer de fort grandes, si l'on envisage seulement les forces militaires nécessaires au maintien de l'ordre dans nos possessions et à prévenir toute tentative, d'ailleurs bien improbable, de révolte. En ce qui concerne la Cochinchine, le Cambodge et les quatre provinces méridionales de l'Annam, jusques et y compris Quin-hone (province de Binh-Dinh), il est impossible de ne pas reconnaître que 1200 hommes de troupes européennes avec un peu d'artillerie suffiraient très largement. Il n'y aurait point lieu de leur adjoindre aucune troupe indigène. En Cochinchine, les tirailleurs annamites ont tous les inconvénients d'une vie de garnison oisive. Ils y prennent des idées de point d'honneur militaire poussées à un degré fort dangereux chez des indigènes. De récents incidents, à Vinh-Long, où ils ont attaqué et frappé un magistrat dans un lieu public après avoir culbuté les agents de police; à Chaudoc et à Rach-Gia, où il existe des rivalités dégénérant en querelles perpétuelles entre eux et les agents indigènes de la police administrative, le montrent surabondamment. En temps de calme, et c'est toujours le cas en Cochinchine, le régiment de tirailleurs est un luxe coûteux et plus qu'inutile, car les hommes qui le composent contractent, nous le répétons, des habitudes absolument détestables et des travers qu'à leur sortie du régiment ils communiqueront à la population. Cette question est des plus délicates : nous savons choquer des idées généralement admises et nous ne voudrions pour rien au monde froisser les excellents et remarquables officiers qui, au milieu de difficultés de toute espèce, avec des adversaires d'hier nous ont formé des soldats; mais elle est en même temps si grave, — car son importance n'est point seulement d'économie, — qu'il faut avoir le courage de dire qu'une très légère augmentation des agents subalternes armés des administrateurs, constitués surtout en gendarmerie indigène, sous le commandement, si l'on veut, d'un officier ou sous-officier français, rendrait infiniment plus de services en assurant la tranquillité publique. Ces agents pourraient au besoin, dans le cas exceptionnel d'un mouvement ou d'une attaque, être mobilisés (1). Nous pré-

(1) « Pour tout ce qui est service militaire proprement dit, ce sont les « soldats indigènes eux-mêmes qui doivent être, conformément aux coutumes « annamites, transformés suivant les cas en coolies, rameurs, bateliers, ter-

férerions de beaucoup, en Cochinchine, 800 de ces agents (40 environ par arrondissement) aux 3000 tirailleurs annamites. Ceuxci seraient probablement utilisés au nord de l'Annam et au Tonkin ; mais en Cochinchine, il faut le dire encore, ils sont déplacés et si, dans la répartition des 29 000 hommes de troupes de l'Indo-Chine, on compte la Cochinchine, le Cambodge et l'Annam au moins jusqu'au cap Varela, pour plus de 1 200 hommes de troupes européennes, en tout, on commet une erreur.

Mais on peut avoir une conception un peu différente et plus élevée du rôle de l'armée en Indo-Chine. Elle peut y être considérée en quelque sorte comme un avant-poste de nos forces nationales destiné à peser à un moment donné dans la balance des événements européens ; comme le complément indispensable d'un grand Vice-État, destiné à tirer de lui-même, pour en prêter au besoin l'appui à sa Métropole, sa propre puissance. Cette idée très grande et très belle a été émise ou partagée par les hommes qui connaissent le mieux l'Indo-Chine. Ce n'est point le lieu de la discuter, mais il est certain que, dans cet ordre d'idées, l'armée indo-chinoise servant ainsi en quelque sorte à un rôle extérieur et d'intérêt international, la dépense ne pourrait point en incomber uniquement à l'Indo-Chine dont les charges devraient rester limitées aux stricts besoins de sa protection.

Pour les besoins réels de la défense de la Cochinchine, du Cambodge et de l'Annam, l'effectif des troupes paraît infiniment exagéré. C'est aux hommes compétents de voir ce qui serait nécessaire pour faire face, au Tonkin, aux éventualités d'incursions chinoises parce que ces incursions chinoises ne peuvent se produire qu'au Tonkin. Sur tous les autres points, l'Indo-Chine française sera suffisamment gardée par quelques ouvrages sur ses côtes ou ses frontières. La rivière de Saïgon est facile à barrer et le pays, coupé de toutes parts par des rivières presque infranchissables ou des marais, ne se prêterait en aucune manière à un débarquement.

3° Marine. . . . . 10 830 000 francs.

« rassiers, etc., etc., hormis en cas de guerre ou de rébellion générale. On
« sait à ce propos quels sont les préjugés et les partis pris des officiers appe-
« lés à commander temporairement des troupes indigènes. Appliquant à ces
« Annamites leurs idées très justes et très louables dans un autre milieu sur
« les devoirs et l'honneur militaire, ils se refusent énergiquement à employer
« leurs hommes pour tout service qui n'est pas strictement militaire. » (J. Harmand, ministre plénipotentiaire. — *Travaux récents*.)

Le détail de ce crédit comprend différentes inscriptions qui paraissent pouvoir être ajournées. Nous citerons des travaux dans la baie d'Ha-Long, inscrits sous la rubrique de « construction d'ateliers maritimes », alors que l'arsenal de Saïgon est assez rapproché et assez important pour faire face longtemps à tous les besoins. Nous trouvons d'autre part dans ce chapitre une contradiction flagrante sur laquelle des éclaircissements seraient nécessaires. D'après le projet de budget inséré à l'*Officiel* du 15 août 1887, la dépense de 10 830 000 francs comprend 5 000 000 pour les transports. Au contraire, dans le projet ministériel, une note marginale indique qu'on laisse à la charge du budget Marine « la part qu'il supporte dans la dépense du service régulier de transports entre la France, la Cochinchine et le Tonkin ». En effet, le budget Marine porte bien (page 1782. Service des transports) l'article suivant : « Bâtiments affrétés pour l'Indo-Chine, 2 814 116 fr. pour 6 voyages. » En même temps, six autres voyages sont effectués par navires de l'État entretenus sur le Budget Général auquel chacun de ces voyages coûte 300 000 fr. environ. Il faudrait pourtant s'entendre : il y a là une erreur ou un double emploi.

4° Douanes et régies. . . . . 5 789 983 francs.

L'auteur du projet de budget ministériel observe avec beaucoup de raison que « l'extension au Tonkin et à l'Annam de la régie de l'opium et des alcools modifiera sans doute ce chiffre ». Il est encore vrai qu'il en résultera dans les recettes une assez forte majoration, mais il n'est pas nécessaire de se préoccuper immédiatement de cette situation, puisque le Tonkin vient d'adjuger pour cinq ans ses fermes. Il faudrait seulement ne point compter sur les « grosses réductions » que l'on se flatte d'opérer dans les frais de régie de Cochinchine et du Cambodge, si l'on s'est basé pour cela, comme il paraît, sur la différence entre le chiffre des dépenses de la Cochinchine, 3 924 000 francs, et celui des dépenses de l'Annam et du Tonkin, 846 840 francs. Cette différence est tout apparente. Dans les dépenses de Cochinchine figurent les prix de matériel de la *régie directe*, y compris les 2 125 228 fr. 52 d'achat d'opium, tandis que la ferme de l'Annam et du Tonkin évite à ces possessions ces déboursés qui sont de simples avances. C'est cette confusion, un peu grossière, qui ramène sous la plume de l'auteur du projet, contre le budget de Cochinchine, une nouvelle critique imméritée.

Ceci posé, nous rappelons que nous avons reconnu la possibilité d'une économie assez importante à réaliser par des modifications dans le service des Contributions Indirectes proposées par l'ancien Directeur par intérim de cette administration, si malgré son départ ces modifications sont adoptées.

5° Postes et télégraphes. . . . . 3 564 950 francs.

Cette somme est obtenue en additionnant les dépenses actuelles du Tonkin, de la Cochinchine et du Cambodge; elle est par conséquent insuffisante puisque l'on a créé une Direction Générale des postes et télégraphes qui augmentera lourdement les dépenses de personnel sans répondre à aucun besoin réel, le Directeur en résidence à Saïgon pouvant sans aucun inconvénient prendre la direction du service; d'autre part, là encore, et uniquement pour que l'on ne compte pas sur les réductions que laisse apercevoir l'auteur du projet, nous sommes obligés de défendre, par l'exposé de faits patents, la colonie de Cochinchine contre des accusations de gaspillage. L'auteur du projet compare simplement les dépenses de Cochinchine, 2 320 000 fr., aux dépenses du Tonkin et de l'Annam, 1 119 950 francs ; et il en conclut qu'il y a des économies à faire en Cochinchine. S'il avait ouvert le budget de la Colonie, il se serait sans doute aperçu que la Cochinchine paie *seule* à la Compagnie des Messageries maritimes la subvention du service qui met la côte d'Annam et le Tonkin en relation avec l'Europe par Singapore, Saïgon et Quin-hone, Tourane, Thuan-An, Haïphong. Il en résulte pour elle une dépense de 619 596 fr. 10 dont il est grand temps que le reste de l'Indo-Chine prenne sa part. Parmi les autres dépenses « exagérées », la colonie paie 539 721 fr. 18 à la Compagnie des Messageries fluviales pour ses services qui sillonnent la Cochinchine, le Cambodge, dans le Siam jusqu'à Battambang et probablement bientôt dans le Laos jusqu'à Stung-Treng; elle paie 134 000 francs à la Compagnie Nantaise pour le service de Bangkok par Chantaboun. En tout 1 307 317 fr. 28, dont personne jusqu'ici n'avait contesté l'indispensable utilité.

Sous le bénéfice de ces remarques, nous acceptons en bloc les prévisions de dépenses du Budget Général, telles qu'elles résultent du projet, c'est-à-dire pour 49 684 933 francs. Les recettes ne s'élevant d'autre part qu'à un maximum de 39 449 353 fr. 61, il en résulte pour le Budget Général de l'Indo-Chine un déficit minimum (1) absolument certain de 10 235 579 fr. 39 pour lequel toutes les ressources de la Cochinchine étant épuisées et au delà, il faudra faire appel à la Métropole.

V

CONCLUSIONS

En résumé, si l'idée de l'Union Indo-Chinoise vient à son heure et si elle est en elle-même juste et avantageuse à la fois à la France et à nos possessions d'extrême Orient, s'il faut savoir gré à M. Étienne d'en avoir poursuivi la réalisation avec beaucoup de hardiesse et de persévérance, à M. Flourens d'y avoir aidé avec un désintéressement que l'on ne saurait trop louer puisqu'il dépossédait son Département d'attributions importantes, il faut reconnaître que l'exécution de cette œuvre considérable, faite hâtivement, sans compétence, sans même prendre en Indo-Chine ni propositions ni renseignements, en compromet gravement le succès et nous engage dans une voie inconnue pleine d'erreurs et de dangers pour aboutir à un déficit de *dix millions*.

Mais le résultat le plus fâcheux de cet ordre de choses, c'est l'arrêt complet du développement de notre colonie de Cochinchine, de ses richesses sans cesse croissantes, de ses progrès dans la civilisation. Les réductions de dépense qu'on lui impose mettront fin, nous le reconnaissons, à quelques abus : elles ruineront à jamais ce pays qui doit être la base de notre puissance en Indo-Chine, ce pays où la population a été absolument ralliée par d'excellents procédés d'administration, où le parti national Annamite lui-même reconnaît formellement la légitimité de notre domination. C'est la Cochinchine qui a permis de pacifier et de réorganiser le Cambodge en lui avançant près de 3 millions ; c'est la Cochinchine qui a fait l'Annam libre de-

---

(1) Rappelons que nous avons admis la majoration ministérielle de 2 689 000 francs pour les recettes du Tonkin et le produit très probablement irréalisable de 1 170 000 francs, pour les douanes du Cambodge. Le déficit réel s'élèverait à 13 195 840 fr. 39.

vant l'Espagne en prenant à sa charge les 2 millions de la
contribution de guerre ; c'est la Cochinchine qui, tout récemment
encore, rétablissait l'ordre et organisait l'administration dans
les quatre provinces méridionales de l'Annam qui s'étendent
sur 500 kilomètres de côtes. C'est sur elle que tous les efforts
se sont appuyés. Au Cambodge, après la convention du 17 juin
1884, au Tonkin et à l'Annam sur lesquels notre protectorat venait
d'être déclaré, il fallait des fonctionnaires : la Cochinchine les a
fournis. Elle les a repris alors qu'on les lui a renvoyés, rem-
placés par d'autres, et on lui reproche l'exagération de dépenses
de personnel auxquelles on l'a forcée ; on lui reproche les avantages faits à ces fonctionnaires après six ans de services et sous
ce dur climat, et, contre les décrets, on retire ces avantages
sans s'apercevoir que dans l'organisation nouvelle du Tonkin,
les fonctionnaires jouissent de bénéfices plus étendus encore et
infiniment moins justifiés. On critique l'élévation des traitements de ses Administrateurs qui ont consacré leur carrière à la
Colonie et l'on ne remarque pas que si ces Administrateurs
touchent 10, 13 et 15 000 francs après avoir passé la moitié de
leur vie dans les marais et les broussailles, les nouveaux Résidents du Tonkin, à peine arrivés, reçoivent 20 000 et 24 000 francs.

Il fallait un câble télégraphique au Tonkin, c'est la Cochinchine qui le paie ; il fallait relier les ports d'Annam et Haïphong
aux navires venant d'Europe, c'est la Cochinchine qui subven-
tionne le service. Seule entre toutes les Colonies, elle paie ses
magistrats, ses troupes indigènes ; seule entre toutes, elle paie
un contingent à la Métropole. Et pour tout ce qu'on lui demande
en France, subvention à l'exposition des Colonies, construction
d'un appontement, secours à nos partisans chrétiens de l'Annam,
participation à l'Exposition Nationale, indemnités supplémen-
taires de toute espèce aux soldats et aux marins, la Cochinchine
est prête et donne sans compter.

Ce dévouement jamais démenti et cet attachement à la patrie,
ces services méconnus, rendent plus douloureuses encore les
attaques si injustes et si violentes auxquelles, par ignorance, on
a ajouté foi et sous l'inspiration desquelles ont été prises les
mesures dont nous venons de faire sentir, en ce qui concerne
les budgets d'Indo-Chine, les effets désastreux. Bien d'autres
choses seraient à dire encore sur les inconvénients d'administration ou les dangers politiques qu'elles font naître. Croit-on pou-

voir conserver, par exemple, sur tous les impôts les mêmes chiffres do recettes alors que l'on aura diminué de plus de 10 millions les dépenses publiques annuelles effectuées en Cochinchine? Comment, d'autre part, cette somme retirée chaque année de la circulation reviendra-t-elle en Cochinchine pour en sortir à nouveau chaque année? Où trouve-t-on pour cela les moyens de faire produire au pays 10 millions dé francs net de plus par an? Les Annamites de Cochinchine, nos sujets depuis vingt-cinq ans, consentiront-ils à payer chaque année 30 millions de francs, dont 11 seulement seront employés pour eux, le reste allant, en définitive, grossir des budgets de protectorat que, dans ces derniers temps, ceux qui semblent les promoteurs de toute cette politique voulaient confondre avec les budgets Royaux? Ce serait une grande illusion de croire que les Annamites de Cochinchine qui ont leurs représentants au Conseil Colonial et composent seuls les Conseils d'arrondissement ne sauront point que les deux tiers de leurs impôts vont chez le roi de Cambodge ou chez le roi d'Annam. Nous semons ainsi contre nous des germes de désaffection parmi nos meilleurs et nos plus anciens partisans.

Un moyen bien simple se présentait de pourvoir à l'organisation et à la mise en valeur du Tonkin et de l'Annam avec les moyens de la Cochinchine qui ne les eût certainement pas refusés, sans ruiner cette colonie et sans rien demander à la Métropole, pas même cette subvention de 20 millions de francs qui sera forcément insuffisante. Ce moyen, on le trouvait dans ce principe fondamental en matière budgétaire qu'*aux dépenses extraordinaires on fait face par des ressources extraordinaires*. Or, au regard de la Cochinchine, quelle dépense peut avoir un caractère extraordinaire mieux établi que celles qui permettront à l'Annam et au Tonkin d'attendre la période à laquelle ils pourront se suffire avec leurs propres forces? La situation actuelle résulte d'un concours de circonstances exceptionnelles, la guerre, une administration hésitante, une série de mauvaises récoltes, des troubles intérieurs. Elle ne durera pas. Si nous savons rassurer la population, encourager et seconder son activité, défendre le produit de son travail contre les exactions des grands mandarins, établir une administration peu coûteuse en nous servant beaucoup des mandarins inférieurs, phus, huyêns, chefs de cantons (tôngs) notables des communes (ông xa, huong than, huong hao, chanh tribô),

augmenter et faciliter les voies de communication, acclimater
certaines cultures riches et améliorer les autres, personne ne
doute que, d'ici à très peu de temps, ces pays, dont la fertilité est
supérieure à celle de notre colonie, le climat plus favorable, la
population plus dense et plus vigoureuse, suivent dans l'accroissement de leur production et de leur fortune publique la même
marche ascendante qui, en 20 ans, a fait passer de 1 500 000 francs
à 30 millions le revenu fiscal des six provinces de la Basse-
Cochinchine. En attendant, les dépenses de premier établissement
ne doivent point être couvertes, nous le répétons, par les recettes ordinaires de Cochinchine. Elles doivent être demandées
à l'emprunt, et cet emprunt, la Cochinchine est prête à le garan-
tir de son crédit, à en avancer les annuités sur les économies
qu'elle pourra réaliser et sur ses excédents de recettes. Le meilleur mode de contrat serait certainement une ouverture de crédit
faite au Gouvernement Général pour le compte des protectorats
et cautionnée par la Colonie. Cela avait été, paraît-il, la pensée de
Paul Bert. Il serait formellement stipulé qu'en aucun cas, soit
directement, soit indirectement, le gouvernement de la Métropole
ne pourrait se trouver engagé par cet emprunt auquel il resterait complètement étranger, son approbation n'intervenant que
comme pure formalité administrative. On examinerait si, pour
augmenter les sûretés des prêteurs et obtenir par conséquent
des conditions plus favorables, il n'y aurait pas lieu de le faire
contracter par la couronne d'Annam et la couronne du Cambodge.
Même les éventualités de dépossession seraient ainsi prévenues.
Il conviendrait toutefois de ne se résoudre qu'en dernier lieu à
cette extrémité qui, dans certains cas, nous lierait les mains.

Il y a tout lieu de croire que, grâce au crédit de la Cochinchine,
l'emprunt pourrait être conclu sur des bases fort acceptables.
On devrait examiner mûrement, et en s'entourant des renseignements les plus sérieux, à quel chiffre il serait utile de l'élever.
Cent millions paraissent suffire, et ils ne seraient appelés qu'au
fur et à mesure des besoins.

Le Ministère de la Marine et des Colonies procéderait d'urgence
à une revision complète de ses projets de budgets après avoir
demandé ses propositions au Gouverneur Général mieux placé
que personne pour apprécier exactement les ressources et les
besoins de chaque pays de l'Union. Il deviendrait nécessaire en
même temps de suspendre l'application de tous les décrets d'or-

ganisation de l'Union Indo-Chinoise à l'exception de celui du 17 octobre 1887 qui constitue le Gouvernement Général et précisément, dans son article 12, règle les dispositions relatives aux emprunts. Une commission spéciale, formée avec le plus grand soin, après avoir consulté le Gouverneur Général en Conseil Supérieur, soumettrait à une étude sérieuse les questions si importantes du système monétaire, de la création des circonscriptions, du Compte de prévoyance ou de la Retraite coloniale et préparerait, dans le plus bref délai possible, un projet organique qui serait soumis au Conseil des colonies, puis au Conseil d'État, enfin aux Chambres, pour la sanction législative. On n'a que trop vu dans ces derniers temps, à propos de l'Indo-Chine, combien la facilité grande de revenir sur un décret à peine promulgué peut causer de désordres. Ce serait l'honneur d'un ministère que d'attacher son nom à cette œuvre considérable.

Les budgets de chaque pays de l'Union Indo-Chinoise ne pourraient être arrêtés que par le ministre sur l'avis du Conseil supérieur des colonies ou mieux d'un Conseil supérieur de l'Indo-Chine qu'il serait urgent de constituer sur le modèle du Conseil supérieur des Indes qui fonctionne en Angleterre : aucune dépense ne serait ainsi légèrement engagée.

On arrêterait toute nomination de fonctionnaires ou d'employés jusqu'à ce que les cadres aient repris l'effectif normal arrêté par la Commission de préparation ou le Conseil supérieur de l'Indo-Chine. Transitoirement, l'âge de la retraite pourrait être un peu avancé; on offrirait en même temps aux fonctionnaires la faculté de quitter le service en faisant liquider immédiatement leur avoir au Compte de prévoyance. Une excellente mesure indiquée par M. Harmand consisterait à remplacer par des Administrateurs de Cochinchine un certain nombre de Résidents du Tonkin qui seraient eux-mêmes appelés en Cochinchine où l'administration exige infiniment moins de compétence spéciale; les traitements seraient unifiés. Les emplois inutiles nouvellement créés dans le grand état-major de chaque administration seraient supprimés.

L'emprunt contracté par l'Indo-Chine sous sa seule garantie, et cette organisation où il serait facile de réaliser des économies, autant au moins sur les dépenses nouvelles que l'on vient de causer que sur les dépenses anciennes, permettraient à la Métropole de rayer dès la présente année 1888 sa subvention de 20 millions.

Elle conserverait provisoirement les crédits actuels inscrits au budget Colonial et au budget Marine. Ces crédits eux-mêmes tendraient à disparaître et seraient effacés aussitôt que l'accroissement des recettes ordinaires de l'Indo-Chine française le permettrait. Le principe du contingent payé jusqu'ici à la Métropole par la Cochinchine serait maintenu et ce contingent inscrit pour mémoire au Budget Général. Ce n'est point assez, en effet, que l'Indo-Chine se suffise et ne coûte plus rien à la France, qu'elle lui ouvre largement un marché commercial privilégié, il faut qu'elle développe ses ressources dans le désir et l'espérance de la rembourser.

12 janvier 1888.

Paris. — Typ G. Chamerot, 19, rue des Saints-Pères.   22207.